AF356743

CATALOGUE

DE LIVRES

RARES & CURIEUX

ET DE

LETTRES AUTOGRAPHES

La plupart adressées à **BIONNET** et relatives à la numismatique

dont la vente aura lieu

RUE DES BONS-ENFANTS, N° 28

MAISON SILVESTRE, SALLE N° 3

Les Lundi 27 et Mardi 28 Avril 1857, à 7 heures du soir.

⸎

Par le ministère de M⸗ **CHARLES PILLET**, Commissaire-Priseur,

Successeur de M. **BONNEFONS DE LAVIALLE**

rue de Choiseul, 14,

Assisté de M. **CHARAVAY**.

⸎

PARIS

CHARAVAY, LIBRAIRE

EXPERT EN LIBRAIRIE ANCIENNE ET EN AUTOGRAPHES

rue de Seine, 53.

—

1857

ORDRE DES VACATIONS

LUNDI 27 AVRIL 1857.

De 1 à 154.

MARDI 28 AVRIL 1857.

De 155 à la fin.

AVIS

Il y aura, chaque jour de vente, de 1 heure à 3 heures, Exposition des Livres et des Autographes qui seront vendus le soir.

Les Livres devront être collationnés sur place dans les vingt-quatre heures de l'adjudication ; passé ce délai, ils ne seront repris pour aucune cause.

Le Mardi 28 Avril, il sera vendu, au commencement de la Vacation, un bon nombre de Lots de Livres.

Les Acquéreurs payeront cinq pour cent en sus du prix de l'adjudication.

M. CHARAVAY, chargé de la Vente, remplira les commissions qu'on voudra bien lui confier.

LIVRES

1. Explication des maximes des saints sur la vie intérieure, par Fénelon. *Paris, Pierre Auboin, 1697.* 1 vol. in-12., rel. v. *Rare.*

2. De Sanctorum martyrum cruciatibus Antonii Gallonii liber. *Coloniæ, 1602.* 1 vol. in-12, 26 fig.

    Ce volume porte sur le titre la signature du célèbre poëte du xvie siècle, *Philippe Desportes.*

3. Justi Lipsii de Cruce libri tres. *Antuerpiæ, ex off. plantiniana, 1595,* 1 vol. in-8, fig. vél. — Dans le même vol. : Jacobi Pamelii, de Religionibus diversis non admittendis. *Antuerp. Plantini, 1589.*

4. De gli habiti delle religioni, opera di Odoardo Fialetti. *Venetia, 1626,* 1 vol. in-4. vél., 74 fig. texte gravé.

5. Historica disquisitio de re vestiaria hominis sacri. *Amst. 1714.* 1 vol. in 18, v. — Dans le même vol. : Disquisitio theologica questionis famosæ, novæ et singularis, studio et opera, J. Boileau. *Parisiis, 1713,* avec un *ex dono* de 8 lignes *a. s.* de l'auteur. — Ferrari de Re vestiaria. *Patavii, 1642,* 1 vol. in-12, fig., rel. v. A la fin de ce volume sont trois pages et demie de notes critiques aut. de Jacques Boileau, avec sa signature.

6. Histoire des Vestales, avec un traité du luxe des dames romaines, par l'abbé Nadal. *Paris, 1725,* 1 vol. in-12, rel. v. filets tr. dor.

7. Recherches historiques et littéraires sur les danses des morts et sur l'origine des cartes à jouer, ouvrage orné de cinq lithographies et de vignettes. *Dijon, 1816,* 1 vol. in-8, dos à têtes de morts et coins en v. fauve (Petit). Bel exemplaire.

— 4 —

8. Dissertation sur l'usage de se faire porter la queue, par le P. Ménestrier. Nouv. éd. avec des notes. *Lyon, 1829*, in-8, d.-rel. dos et coins m. chocolat. Tirée à 100 exemplaires.

9. Histoire des inaugurations des rois, empereurs et autres souverains de l'univers, suivie d'un précis de l'état des arts et des sciences sous chaque règne, par Dom Bévy. *Paris, 1776*, 1 vol. in-8, rel. veau. Ouvrage rempli de figures.

10. Traité de la parole. *Paris, 1705*, 1 vol. in-18, rel. bas. Exempl. du philologue F. L. Jamet, avec sa signature sur le titre et des notes marginales.

11. Recueil curieux et édifiant sur les cloches de l'Église, avec les cérémonies de leur bénédiction, par Dom P. Carré. *Cologne, 1757*, 1 vol. in-12, br.

12. Almanach terrestre ou Prédictions criti-comiques pour l'année suivante, par l'abbé Bordelon. *Paris, 1715*, 1 vol. in-12, br. *Petit volume singulier, avec de curieuses notes marginales, et la signature de Jamet sur le titre.*

13. Recueil des prophéties et révélations, tant anciennes que modernes, contenant des révélations de sainte Brigide, etc. *Troyes, S. d.* 1 vol. pet. in-8, d.-rel. mar. bleu.

14. Le Tombeau des hérétiques, par George l'Apostre. *Rouen, 1608*, 1 vol. in-18, vél.

15. Recueil de pièces touchant l'histoire de la Compagnie de Jésus, composé par le Père Jouvency. *Liége, 1716*, 1 vol. in-8, avec une grande planche, rel. v.

16. Les enluminures du fameux almanach des Jésuites. On y a joint l'estampe. *Liége, 1733*, 1 vol. in-12, fig. rel. v. — Dans le même vol. : Le portefeuille du diable. *Paris, Alithophile, 1733.*

17. De la Sagesse, par M. Pierre Le Charron. *A Bourdeaux, par Simon Millanges, 1601*, 1 vol. in-8, rel. vél. cordé. Edition originale.

18. Traité politique composé par William Allen, anglois, où il est prouvé, par l'exemple de Moyse, que tuer un tyran n'est pas un meurtre. *Lugduni, 1658*, 1 vol. in-18, rel. bas.

19. Les Chaînes de l'esclavage, par Marat. *Paris, 1833*, 1 v. in-8, port., br.

20. Commentarii Vinc. Lupani de Magistratibus et præfecturis
    Francorum. *Parisiis*, *1551*, 1 vol. pet. in-8, v. Avec des
    notes et la signature de Lohier.

21. Mémoires de Pierre de Miraulmont, sur l'origine et insti-
    tutions des cours souveraines. *Paris*, *Abel Langelier*,
    1584, 1 vol. in-8, rel. v. f. filets, tr. dor. Signature de
    Sorbière sur le titre.

22. Discours sur la profession d'avocat, par Adhelm Bernier.
    1832, in-8, d.-rel., dos et coins de mar. bleu, doré en
    tête. (Capé.)

23. Histoire de l'arithmétique, par M. Chasles. 1843, 3 liv.
    in-4, br.

24. Eléments constitutifs du système de la troisième écriture
    cunéiforme de Persépolis, par J. Lowenstern. *Paris*,
    1847, 1 vol. in-4, br., pap. fort.

25. Alphabetum tironianum, cum pluribus Ludovici Pii chartis;
    labore et studio Carpentier. *Parisiis*, *1748*, 1 vol. in-fol.

26. Lettres d'un antiquaire à un artiste sur la peinture hist.
    murale chez les Grecs et les Romains, par Letronne. *Paris*,
    1836, 1 vol. in-8, d.-rel. v.

27. F. Hotomani Francogallia. *Ex off. Bartulphi*, *1576*, 1 vol.
    in-12, vél., piqué sur les marges. Exemplaire de Lohier,
    avec des notes marginales de sa main. — La Gaule fran-
    çoise de F. Hotoman, nouv. trad. du latin en françois.
    Cologne, *H. Bertulphe*, *1754*, 1 vol. in-12, rel. bas.
    Taché d'eau.

28. Romans relatifs à l'histoire de France, publiés par P.
    Lacroix. *Paris*, *A. Desrez*, *1838*, 1 vol. gr. in-8, br.

29. Histoire françoise de saint Grégoire de Tours, augmentée
    d'un onzième livre. *Paris*, *1610*, un gros vol. in-8, rel. v.
    fil. Sur le titre et à la fin est la signature de *Seignelai*.

30. Annalium et historiæ Francorum, ab anno 708 ad 990.
    Scriptores cœtanei xii, ex bibliotheca P. Pithœi. *Parisiis*,
    1588, 1 vol. in-8, vél. *T. 2e, avec la signature d'Et. Ba-
    luze sur le titre, et des notes marginales aut. de ce savant
    historien.*

31. Les Rois de France, par Messire Charles de Flavigny.
    Paris, *1594*, 1 vol. in-8, rel., vél.

32. Tableaux généalogiques de la maison royale de France,
    avec le blason royal des armoiries, par le R. P. Ph. Labbe.
    Paris, *1652*, 1 vol. petit in-12, rel. vél. cordé.

33. Chronique (la) des rois de France, puis Pharamond jusques au roy Henri, second du nom. *Paris, Galiot Du Pré, 1550*, 1 vol. in-12, rel. v. br. — Dans le même vol. : Bibliothèque des auteurs qui ont escript l'histoire et topographie de la France, par A. Duchesne. *Paris, 1618. Rogné en tête.* Avec une note bibliographique aut. de G. Peignot.

34. Histoire (l') et cronique du très chrestien roy saint Loys IX du nom, escritte par feu Messire Jan, sire de Joinville, et mise en lumière par Ant. Pierre de Rieus. *A Poitiers, de l'imprimerie d'Enguilbert de Marnef. S. d.* 1 vol. pet. in-4, rel. v.

35. La Cronique du roy très chrestien Loys XI. *Paris, 1558*, 1 vol. in-8, rel. v. fauve, filets, tr. dor. Bel exemplaire.

36. Histoire de Jeanne d'Arc, dite la Pucelle d'Orléans. *Rouen, 1634*, 1 vol. in-12, portrait sur le titre, d.-rel. bas.

37. Anecdotes secrètes des règnes de Charles VIII et de Louis XII. *La Haye, 1741*, 1 vol. in-12, rel. v. filets, aux armes de Mad. de Pompadour.

38. Chroniques de Monstrelet, publiées par Buchon. *Paris, Verdière, 1826-27*, 15 vol. in-8, br.

39. Mémoires de Messire Philippe de Commines. *A Leide, chez les Elzeviers, 1648*, 1 vol. in-18, titre gravé., rel. vél. blanc.

40. Mémoires de M. le Chancelier de L'Hospital. *Cologne, 1672 (Elzevier)*, 1 vol. in-18, rel. v. fauve, filets.

41. Mémoires de M. de Montresor. *A Leyde, chez Jean Sambix, 1665-67*, 2 vol. in-18, rel. vél. blanc. 4 feuillets légèrement tachés à la fin du 1ᵉʳ volume.

42. Mémoires de Messire Jacques de Saulx, comte de Tavannes, *Cologne, chez Pierre Hasteau, 1691*, 1 vol. in-18, port., rel. v. filets, tr. dor.

43. Mémoires de Mess. Martin Du Bellay, seigneur de Langey. *Paris, 1571*, 1 gros vol. in-8, rel. mar., filets, tr. dor. (Capé). Très-bel exemplaire.

44. Mémoires dv dvc de Rohan sur les choses advenües en France depuis la mort de Henry le Grand, avec le supplément. *1646 (Elzevier)*, 1 vol. in-18, rel. mar. vert., filets, tr. dor. *Rare.*

45. Mémoires de M. de Pontis. *Paris, 1678*, 2 vol. in-12, rel.
v. avec une note autog. de 19 lignes du P. Adry, sur la
garde du 1ᵉʳ vol.

46. Mémoires de Joly. *Rotterdam, 1718.* 2 vol. in-12, v.
Exemplaire de Th. Gueullette, qui y a joint une note *a. s.*
de 2 p. in-4, relative à une prise d'armes qui eut lieu à
Paris, sous Mazarin, à propos de l'arrestation des bourgeois
Cadot et Croisette.

47. Mémoires et recueil de l'origine, alliances et succession de
la royale famille de Bourbon, branche de la maison de
France. *A la Rochelle, par P. Haulin, 1587*, 1 vol. in-8,
rel. v. cordé. *Rare*.

48. Chronologie septenaire de l'histoire de la paix entre les
roys de France et d'Espagne, par Cayet. *Paris, 1606*,
1 vol. in-8, vél.

49. Discours ample et très-véritable contenant les plus mémo-
rables faits advenus en l'année 1587, tant en l'armée
commandée par M. le duc de Guyse, qu'en celle des hu-
guenots conduite par le duc de Bouillon, etc. *Paris, chez
Guil. Bichon, 1588*, 1 vol in-8, rel. mar. r.; filets, tr.
dor. Bel exemplaire.

50. Légende de domp. Claude de Guyse, abbé de Cluny.
1681, 1 vol. in-8, rel. v., filets. *Rare*. 4 feuillets légèrement tachés de rousseur.

51. Vie (La) et faits notables de Henry de Vallois, tout au
long, sans rien requérir. *Jouxte la copie imprimée à Paris,
chez Millot*, 1589, figures sur bois, dont une légèrement
rognée en tête. 1 vol. in-12, dos et coins mar. citron.
— Dans le même vol. : Discours véritable de l'étrange
et subite mort de Henry de Valois, par un religieux jaco-
bin. *Troyes, 1589*.

52. La vraye et entière histoire des troubles et guerres civiles
advenues de nostre temps, recueillies et mises en ordre
par M. Jean Le Frère, de Laval. *Paris*, 1584, 2 gros
vol. in-8, rel. vél. cordé (*quelques mouillures*); le titre du
t. II est doublé. Exemplaire de Denis Godefroy, avec sa
signature sur le titre du t. Iᵉʳ, et son chiffre sur le dos de
la reliure. On trouve aussi sur la garde du même tome
une longue note aut. de l'abbé Sepher qui contredit l'as-
sertion du P. Lelong, relative à l'auteur dudit ouvrage.

53. Vraye (La) et entière histoire des troubles et guerres civiles advenues de nostre temps, pour le faict de la religion,
tant en France, Allemagne, que Pays-Bas, recueillie par
Jean Le Frère, de Laval. *Paris*, 1578, 1 vol. in-8, rel. v.

54. Histoire lamentable des cruautés, massacres, assassinats
et dévastations exercés par ceux de la religion romaine
contre ceux de la religion réformée, suivie de la juste et
saincte défense de la ville de Lyon, etc.; publiée par Gonon.
Lyon, 1848, 1 vol in-12, portr., br.

55. Contre-Ligue (La), et réponce à certaines lettres envoyées
à Messieurs de Rênes, par un ligueur. 1589, 1 vol. in-8,
cart. Rogné en tête. *Rare.*

56. Satyre Ménippée, de la vertu du catholicon d'Espagne et des
États de Paris, avec commentaire par Ch. Nodier. *Paris*,
Delangle, 1824, 2 vol. gr. in-8, pap. vél., fig. br.

57. Recueil de mémoires et instructions servant à l'histoire de
France (règne de Henry III). *Paris*, 1626, 1 vol. in-4,
rel. v. f. *Armes.*

58. Dialogue d'entre le maheustre et le manant, contenant les
raisons de leurs débats et questions en ces présents troubles du royaume de France. 1594, 1 vol. in-8, fig., rel.
v. filets.

59. Censure du livre précédent. *Paris*, 1554, in-8 de 54 pages,
dérel. *Rare.*

60. Histoire des derniers troubles de France sous les règnes
des rois Henri III et Henri IV, (par P. Mathieu). *Jouxte
la copie imprimée à Lyon, par Étienne Bonaventure, 1597*,
1 vol. in-8, rel. vél.

61. Amours (Les) de Henri IV, roi de France, avec ses lettres
galantes à la duchesse de Beaufort et à la marquise de
Verneuil. *Amsterdam*, 1754, 2 v. in-18, rel. v.

62. Response des vrais catholiques françois, à l'avertissement
des catholiques anglois, pour l'exclusion du roy de Na-
varre de la couronne de France. 1588, 1 vol. in-8, rel.,
vél. cordé.

63. Pompe funèbre du grand Henri, roy de France. *Rouen*,
1610. — Discours sur la mort de Henri le Grand, par
Jacques de Lafons, Angevin. *Paris*, 1610. — Discours
funèbre sur la mort de Henry, le grand roy, par Pierre
Fenolliet, évêque de Montpellier, *Paris*, 1611. Le tout
réuni en 1 vol. in-8, demi-rel. v.

64. Ordonnance du roy pour le règlement et réformation de
la dissolution et superfluité qui est ès habillements et or-
nements d'iceux. *Paris*, 1583, in-12, dérel. — Édict du
roy, portant deffences de porter sur les habits aucuns
draps, ne toile d'or ou d'argent. *Paris*, 1607, in-12,
dérel.

65. Lettre de Pierre Charpentier, jurisconsulte, adressée à
François Portes Candiois, par laquelle il monstre que les
persécutions des Eglises de France ne sont advenues non
par la faute de ceux qui faisoient profession de la religion,
mais de ceux qui nourrissoient les factions et conspira-
tions, qu'on appelle la cause. 1572, 1 vol. in-8, dem.
rel. v. *Rare.*

66. Démonomanie (La) de Lodun, qui montre la véritable
possession des religieuses ursulines, avec la liste des religieuses et séculières possédées ; la mort de Grandier, au-
theur de leur possession. *A la Flèche*, 1634. — Véritable
relation des justes procédures observées au fait de la possession des ursulines de Loudun, par le R. P. Tranquille,
capucin. *A la Flèche*, 1634. — Admirable changement
de vie d'un jeune advocat en la cour, nouvellement
opéré par le moyen d'un démon nommé Cedon, dans les
exorcismes des religieuses possédées de Lodun. *A la
Flèche*, 1636. Le tout réuni en un vol. in-8, rel. v. (armes).
Très-rare.

67. De L'Estat et succez des affaires de France, par Bernard
de Girard, seigneur Du Haillan. *Paris, chez Pierre Le Mur*,
1611-19, 1 gros vol. in-8, rel. vélin cordé.

68. De l'élection et cérémonies observées à la réception de
Sixte-Quint, 1585. — Déclaration générale des ministres
de la religion réformée, envoyée à l'assemblée de la Rochelle, en 1621. — Exhortation aux catholiques pour se
défendre des hérétiques, 1587. — Le Mercure et fidèle
messager de la cour, au roi, 1622. — L'ombre du Chancelier de L'Hospital au roi, 1622. — Discours sur la vie
et la mort du président Achille de Harlay, 1616, et autres
écrits sur l'histoire de France. 16 pièces in-8, dérel.

69. Fronde (neuf pièces in-4, concernant l'époque de la). Déclaration du roi contre les ducs de Bouillon, maréchaux
de Turenne, de Brézé et de Marcillac. — La Vérité nue.
— Factum pour MM. les princes. — Lettre de la prin-

cesse de Condé à la reine. — Discours sur la sûreté demandée par la princesse de Condé contre le cardinal de Mazarin. — Requête de la princesse de Condé pour la justification des princes, ses enfants, etc. Toutes ces pièces sont de 1650.

70. Conivration de Conchine, ou l'Histoire des monnemens derniers. *Paris*, 1619, 1 vol. in-8, rel. v. filets.

71. Recueil des pièces les plus curieuses qui ont esté faites pendant le règne du conestable M. de Luyne. 1628, 1 vol. in-8, rel. vél. cordé.

72. Journal de M. le Cardinal duc de Richelieu, divisé en deux parties. *Amsterdam, chez Abr. Wolfgank*, 1664. 1 vol. in-18, portr., rel. v., tr. dor.

73. Mémoires de la vie de J. A. de Thou. *Amsterdam*, 1714, 1 vol. in-12, portraits, v. fauve, t. dor., fil.

74. Petri Castellani magni Franciæ eleemosynarii vita, autore P. Gallandio, cum notis Steph. Baluzii; le trépas, obsèques et enterrement du roi François 1er, par P. Chastel. *Parisiis, Muguet*, 1674, 1 vol. in-8, rel. bas.

75. Fatalité (La) de Saint-Cloud, près Paris. 1672, 1 vol. in-12, rel. v. fauve, fil., tr. dor.

76. Les Amours du grand Alcandre, par Mademoiselle de Guise. *Paris*, 1786, 2 t. en 1 vol. in-12, rel. bas. — Madame de Maintenon, par Madame de Genlis. *Paris*, 1806, 1 v. in-8, rel. v.

77. Histoire des dignitez honoraires de France, par le sieur de S. Lazare. *Paris*, 1635, 1 vol. in-8, rel. vél.

78. Lettres patentes du roi, des 2 et 20 mai 1716, portant privilége et règlement pour la Banque Générale accordée au sieur *Law* et à sa compagnie. *Grenoble, chez Gaspard Giroud*, 2 pièces in-4, br.

79. Recueil factice de mémoires relatifs à Calas, à l'assassinat du curé de Sainte-Foy, à l'affaire du crucifix d'Abbeville, à Sirven, etc. 1 vol. in-4 rel. v. *Avec une table des pièces, aut. de l'abbé Sépher.*

80. Mémoire ou procès extraordinaire contre Madame de Brinvilliers, et de La Chaussée, valet de M. de Sainte-Croix, pour raison des empoisonnements de diverses personnes. *Amsterdam*, 1676. 1 vol. pet. in-12, dem.-rel. v. *Très-rare.*

81. Histoire de Napoléon, par de Norvins. *Paris*, 1829, 4 vol. in-8, pap. de Hollande, portraits et figures pap. de Chine, dem.-rel. v. fauve, doré en tête (*Kœhler*). À cet exemplaire sont jointes trois signatures autog. découpées de Napoléon I*er* : *Buonaparte*, an IV ; *Bonaparte*, an X ; *Napol...*, 1812.

82. Antiquités de Vésone, précédées d'un essai sur les Gaulois, par Wlgrin de Taillefer. *Périgueux*, 1826, 2 vol. in-4, fig. br.

83. Livre des orateurs, par Timon (Cormenin). *Paris*, 1842, 1 vol. gr. in-8, portraits, dem.-rel., dos et coins de maroq.

84. Lettres de Henri VIII à Anne de Boleyn. *Paris*, *Crapelet*, 1 vol. gr. in-8, pap. vél., portraits, cart. Bradel. — Dans le même vol. : Lettre de M. G. Peignot à M. Amanton sur les lettres de Henri VIII, etc. In-8 de 24 pages. *Tiré à 50 exemplaires.*

85. Charles I*er*, sa cour, son peuple et son parlement, par Philarète Chasles. *Paris*, 1 vol. gr. in-8, illustré de gravures et de portraits, br. avec envoi a. s. de l'auteur.

86. Historiæ patriæ monumenta, edita jussu Caroli Alberti. Aug. Taurinorum, e regio typographeo, 1836-9. Les 4 premiers vol. in-fol. br. contenant : *Chartarum*, t. I*er* ; *Leges municipales*, 1 vol. : *Scriptores* (Chroniques de Savoie, chronique du Comte Rouge, etc.), 2 vol.

87. Voyage de Polyclète, par le baron de Théis. *Paris*, 1828, 2 v. in-8, d.-rel. v. fauve.

88. Recueil de voyages et de mémoires, publiés par la Société de géographie. *Paris*, 1825-30, 2 vol. in-4. Tomes II et III brochés.

89. Œuvres de Louise Labbé, Lionnoise. *Lyon*, 1824, 1 vol. in-8, gr. pap. vél., portr., dem.-rel., maroq. bleu à nerfs, non rogné.

90. Les œuvres de Philippes Desportes. *Rouen, Du Petit Val*, 1611, 1 v. in-18, titre gravé, vélin. Exemplaire avec des témoins.

90 bis. Poésies de Malherbe. *Paris, Barbou, 1764*, 1 vol. in-12, port., rel. v. fil., tr. dor.

91. Poésies de Maître Adam Billaut, menuisier de Nevers, précédées d'une notice par M. F. Denis. *Nevers*, 1842, 1 vol. gr. in-8, gr. pap. vél., portr. et fig., dem.-rel., mar. violet. *Un coin de la reliure écorné.*

92. Le séjour des Muses, ou la Cresme des bons vers. *Rouen,
chez Martin de La Motte*, 1630, 1 vol. in-12, rel.
maroq. rouge, tr. dor., fil.

92 bis. Le Parnasse séraphique et les derniers souspirs de la
Muse du R. P. Martial de Brives, capucin. *Lyon. 1660*,
1 vol. in-8, fig., rel. maroq. Quelques légères piqûres
d'humidité.

93. Les Saisons, poëme par Saint-Lambert. *Paris, Janet et
Cotelle*, 1823, 1 v. in-8, figures, rel. v. fil., dent.

94. Théâtre français au moyen âge, publié par Monmerqué
et F. Michel. *Paris*, 1829. 1 vol. in-4, br.

95. Théâtre : 1° Études sur l'art théâtral, suivies d'anecdotes
inédites sur Talma, par sa veuve. 1 vol. in-8, non broché
(manque une feuille). Exemplaire d'épreuves, avec les
corrections aut. de M. Villenave, et auquel sont jointes un
grand nombre de notes aut. du même, sur des papiers
détachés. — 2° Un exemplaire complet du même ouvrage,
avec quelques corrections seulement de M. Villenave.
— 3° Opinions des membres du conseil des Cinq-Cents,
Chénier et autres, sur les théâtres. 13 broch. in-8.

96. Cours de littérature dramatique, par Goeffroy. *Paris*,
1825, 6 vol. in-8, dem.-rel., bas.

97. Mémoires de littérature, par Sallengre. *La Haye*,
1715, 2 vol. in-12, figures et portraits, rel. v. fauve, fil.
Bel exemplaire.

98. Nouveaux mémoires d'histoire, de critique et de littérature,
par l'abbé d'Artigny. *Paris*, 1749-56, 7 vol. in-12, rel.
v., filets. Bel exemplaire.

99. Mélanges historiques et philologiques, par Michault. *Paris*,
1754, 2 v. in-12, veau.

100. Mariangelli Accursii diatribæ. *Romæ*, 1524, 1 vol. pet.
in-fol., dérelié, grandes marges.

101. Hésiode, traduit en vers françois. Manuscrit inédit ayant
appartenu à Chénier, puis à l'helléniste Boissonnade, avec
une note a. s. de cinq lignes de ce dernier

102 Nova scriptorum latinorum bibliotheca, edidit Panckoucke.
— Juvenalis et Auli Persii Flacci. Q. Curtii Rufii, Cornelii
Nepotis opera. *Parisiis, Panckouke*, 1833, 5 vol. in-8,
dem.-rel. v.

103. Petronii Satyricon, cui accedunt Lusus in Priapum, erro-
res venerei, pervigilium veneris, etc. *Paris*, 1677, 1 vol.

in-18, vél. Ce vol. porte sur le titre la signature de Grosley, et est accompagné de curieuses remarques manuscrites de 100 pages environ.

104. T. Petronii Satyricon, cum notis Bourdelotii. *Parisiis*, 1677, 1 vol. in-12, rel. v. — Traduction entière de Pétrone. *Cologne*, 1693, 1 vol. in-12, rel. v. — Steph. Paschasii poemata. *Parisiis*, 1585. — L. Franc. Ducati Trecæi præludiorum. *Parisiis*, 1554. 1 vol. in-8, d.-rel.

105. P. Abælardi et Heloisæ opera, ex MMS. codd. vet. edita F. Ambœsii. *Parisiis*, 1616, 1 vol. in-4, vél.

106. Œuvres de Rabelais. *Paris, A. Desrey.* 1838, 1 vol. gr. in-8 br.

107. Lettres de M. de Voiture avec la suite. *Amsterdam, chez Jean Ravesteyn*, 1657-69, 1 vol. in-18, titre gravé, rel. v., filets.

108. Lettres de Ninon de Lenclos. *Amst.*, 1766, 2 vol. in-18, port., rel. bas. — Lettres de la duchesse de La Vallière. *Liége*, 1767, 1 vol. in-12, rel. v. — Lettres de mademoiselle de Lespinasse. *Paris*, 1811, 2 v. in-12 br. — Œuvres de mad. de Lafayette. *Amst.*, 1786, 4 v. in-18, port., rel. v.

09. Mémoires et lettres de Ninon de Lenclos. *Rotterd.*, 1751. — Mémoires de La Porte. *Genève*, 1755, 2 t. en 1 vol. in-18, rel. v. — Lettres de la marquise de Villars. *Amst.*, 1769, 1 v. in-18, d.-rel. — Mémoires de la duchesse de Nemours. *Amst.*, 1718, 1 v. in-12, rel. v. — La Fausse Clélie, histoire galante. *Paris*, 1718, 2 t. en 1 vol in-18, rel. v.

110. Œuvres de Saint-Evremont, nouv. éd. ornée de figures en taille-douce. *S. L.*, 1740, 10 v. in-12, rel. v.

111. Chefs-d'œuvre de Vadé et de Scaron. *Paris*, 1810, 2 v. in-18, portraits, d.-rel. — Tablettes poétiques. *Paris*, 1803, 2 v. in-18, figures, d.-rel. bas. — Nouvelle anthologie ou choix de chansons. *Paris*, 1826-7, 2 v. in-32, d.-rel. bas.

112. Œuvres de Vergier. *Londres*, 1780, 3 v. in-18, rel. v., fil. part.

113. Contes et poésies divers de Grécourt. *Berg-op-Zoom*, 1750, 3 vol. in-12, rel. v. — Tanzaï et Néadarné. *A Pékin*, 1743, 2 vol. in-18, figures, rel. v. — Angola. *A Agra* 1751, 2 vol. in-18, figures, rel. v.

114. OEuvres complètes d'Alexis Piron. *Paris*, 1776, 7 vol. in-8, rel. bas., fil.

115. OEuvres complètes de Dorat. *Paris*, 1765-92, 20 vol. in-8, d.-rel. m. r. Figures et culs-de-lampe de Marillier.

116. OEuvres complettes de Palissot. *Paris*, 1779, 7 vol. in-12, rel. bas.

117. OEuvres de Mancini Nivernois. *Paris*, 1796-1807, 10 vol. in-8, rel. bas., fil.

118. OEuvres d'Ecouchard Lebrun. *Paris*, 1811, 4 vol. in-8. port, rel. bas., fil.

119. OEuvres de Lady Montague. *Paris*, 1804, 4 vol. in-12. rel. bas. — Le Nouveau diable boiteux par Chaussard. *Paris*, an VII, 2 t. en 1 vol. in-8, d.-rel. v. — Les Incas, par Marmontel. *Lyon*, 1810, 2 vol. in-12, cart. brad.

120. Histoire de Don Quichotte. *Paris*, 1752, 6 vol. in-12, rel. bas.

121. La Télémacomanie, ou Censure et critique du roman, intitulé les Aventures de Télémaque (par Faydit). *A Eleute-rople*, 1700, 1 vol. in-12, rel. v. Exemplaire couvert de notes critiques sur les marges.

122. Questions diverses et responses d'icelles, divisées en trois livres, assavoir : questions d'amour, questions naturelles, questions morales et politiques ; trad. de tuscan en francoys. *Lyon*, 1558, 1 vol. in-12, rel. v.

123. L'Art de rendre les femmes fidèles. *Genève*, 1783. — L'Art de rendre les hommes constants. *Paris*, 1789, 2 vol. in-18, rel. bas. — L'Art de faire l'amour ou la pendule de l'amant. *Paris*, 1789, 1 vol. in-18, d.-rel. — La Nuit et le moment, 1770, 1 vol. in-12, figures, d.-rel. — Mémoires de Brantôme, contenant les vies des dames illustres. *Leyde*, 1665, 1 vol. in-18, rel.

124. Eloge (l') de la Folie, trad. du latin d'Erasme, par Gueudeville. 1751, édit. in-12, tirée in-4, 1 vol., figures d'Eisen, rel. v., fil., tr. dor.

125. Les Petits hommes, ou Recueil d'anecdotes sur les hommes de petite stature. *Paris*, 1822, 2 vol. in-12 ba

126. Orientaliana, ou les Bons mots des Orientaux (par Galland). *Paris*, 1791, 1 vol. rel. bas. *Rare*.

127. Poggiana, ou la Vie, le caractère, les sentences, et les bons mots de Pogge Florentin. *Amsterdam*, 1720, 2 vol.

in-12, d.-rel., dos et coins de maroq. bleu, n. rog., tr.
supérieure dor. (*Capé.*) Bel exemplaire.

128. Prima Scaligerana, nusquam antehac edita, cum præfa-
tione T. Fabri. *Ultrajecti, P. Elzevirium,* 1670, 1 vol.
in-12, d.-rel. dos et coins mar. r. ébarbé, dor. en tête.
(*Capé.*)

129. Ducatiana, ou Remarques de M. Le Duchat sur divers
sujets d'histoire et de littérature, recueillies dans ses MSS.
et mises en ordre par (Formey). *Amst.,* 1738, 2 vol.
in-12, rel. en 1 vol. — Dathæeniana of Ophelderingen.
1758. 1 vol. pet. in-4, fig., cart.

130. Maintenoniana, avec des notes historiques, critiques, etc.,
(par Bosselman de Bellemont). *Amst.,* 1773, 1 vol. in-8,
rel. bas.

131. Aneries révolutionnaires, ou Balourdisiana, bêtisiana, par
Capelle. *Paris,* an x, 1 vol. in-18, 1 fig., cart.

132. Passe-temps (le) agréable, ou Nouveau choix de bons
mots, enrichi d'une élite des plus vives gasconnades, qui
ne sont point dans le Gasconiana. *Amst.,* 1769, 2 vol.
in-12, rel. en 1, v. f. fil.

133. Anglaisiana. — John Bull, ou Londresiana. — Musar-
diana. — Paysaniana. — Harpagoniana, par Cousin d'A-
valon. — Poissardiana. — Pironiana. En tout 7 vol. in-18,
br. fig.

134. Arliquiniana. — Facétiana. — Grivoisiana, par Martin-
ville. — Calembourgs sur calembourgs, par Cousin d'A-
valon. En tout 4 vol. in-18, br. fig.

135. Christi-ana. — Henriciana. — Frédéricana. — Ludovi-
ciana. — Alexandriana. — Napoléoniana. En tout 6 vol.
in-18, portraits, br.

136. Boloeana, avec les poésies de Sanlecque, 1742, in-12.
Carpenteriana et Valésiana, bons mots de Charpentier et
de Valois, 2 vol. in-8. (Manq. le titre.) — Châteaubrian-
tiana, 2 vol. in-18. (Manq. le tit. du t. 1er.) — Berryana,
bons mots du duc de Berry, 1 vol. in-18, port. En tout 6
vol. br.

137. Élite des bons mots et des Pensées choisies, recueillis
avec soin des plus célèbres auteurs, et principalement des
Livres en Ana. *Amsterdam,* 1707, 2 vol. in-12, rel. v., le
t. II piqué dans la marge inférieure.

138. Variétez ingénieuses, ou Recueil et mélanges de piéces sérieuses et amusantes (par de Court). *Paris*, 1725, 1 vol. in-12, v. Exempl. de Chardon de La Rochette, portant sa signature sur le titre.

139. Notice sur le Manuel d'Epictète, suivi d'un Epictetana, par (Hécart). *Valenciennes*, 1826, 1 vol. in-18, port., br. *Tiré à 50 exemplaires, qui n'ont pas été mis dans le commerce. Celui-ci est interfolié, et contient de nombreuses additions aut. de l'auteur.*

140. Bibliothèque critique des mélanges de littérature qui ont été donnés, ou promis, ou annoncés sous le nom d'Ana, par (Adry). *A Paris*, 1807. Copie faite sur le manuscrit original d'Adry, lequel est une suite du manuscrit de 1803, du même auteur. 8 cahiers petit in-4.

141. De la connaissance des Bons Livres (par Ch. Sorel). *Amsterdam*, 1672 (*Elzevier*), 1 vol. in-18, rel. vélin, quelques feuillets légèrement tachés.

142. Essai bibliographique sur les éditions des Elzeviers (par Bérard). *Paris, Didot*, 1822, 1 vol. in-8, br. 1 fig. *Avec envoi a. s. de l'auteur.*

143. Aperçu sur les Erreurs de la Bibliographie spéciale des Elzeviers et de leurs annexes, par le Bibliophile Ch. Mottelet. *Paris*, 1847, un vol. in-18, br. *Tiré à 100 exempl.*

144. Bibliothèque de G. de Pixérécourt, avec des notes par Ch. Nodier et P. Lacroix. *Paris*, 1839, 1 vol. in-8, pap. fort, br. — Prix des livres de la bibliothèque Pixérécourt. 1840, brochure in-8.

145. Souvenirs relatifs à quelques bibliothèques particulières, par G. Peignot. *Dijon*, 1836, 1 broch. in-8, v.

146. Essai historique et archéologique sur la reliure des livres et sur l'Etat de la Reliure chez les anciens (avec planches), par G. Peignot. *Dijon*, 1834, in-8, d.-rel., dos et coins de maroq. rouge, dor. en tête. (*Capé.*)

147. Recherches sur les ouvrages de Voltaire, par J.-J.-E.-G. (Peignot). *Paris*, 1817, 1 vol in-8, rel. bas. fil. — Dans le même vol. : Jugement philos. sur J.-J. Rousseau et Voltaire, par Azaïs, 1817.

148. Nouv. recherches chronol., littér. et philolog. sur la vie et les ouvrages de Bern. de La Monnoye, par G. Peignot. 1832, in-8, port. et fac-simile, 1 vol. in-8, d.-rel., dos et coins m. r., doré en tête. (*Capé.*)

149. Documents authentiques et détails curieux sur les dé-
penses de Louis XIV, par G. Peignot. *Paris*, 1827,
1 vol. in-8, port., d.-rel. m. vert.

150. Précis historique, généal. et littéraire de la maison d'Orléans (par G. Peignot). *Paris, Crapelet*, 1830, 1 vol. in-8,
port., br.

151. Choix de Testamens anciens et modernes, avec des détails historiques et des notes, par G. Peignot. *Paris*, 1829,
2 vol. in-8, d.-rel. v. fauve. Ebarbés.

152. Principes élémentaires de morale, suivis de la Science du
bonhomme Richard et du sifflet, par G. Peignot. *Paris*,
1809, 1 vol. in-12, pap. vélin, d.-rel. cuir de Russie.

153. L'illustre Jacquemart de Dijon, par P. Périgal (G. Peignot). *Dijon*, 1832, in-8, 1 fig., d.-rel.

154. Détails historiques sur le château de Dijon, par G. Peignot. *Dijon*, 1833, in-8, d.-rel.

MANUSCRITS.

155. Ordre chronologique des événements de l'Ancien-Testa-
ment, prouvé avec précision par les Cycles étendus à tous
les temps; 1779. Manuscrit in-folio, ayant appartenu à
l'abbé Halma, savant mathématicien, né à Douai, avec une
note aut. de lui.

156. Dares phrygius. De bello Trojano. Manuscrit gothique
du xve siècle. 1 vol. in-8, v. Avec une note aut. de l'abbé
de Tersan, à qui ce manuscrit a appartenu.

157. Introduction à la connaissance des libertés de l'Église gallicane (par Dom Clément, auteur de l'*Art de vérifier les
dates*). Manuscrit d'une bonne écriture, 1 vol. in-4, bas.
ayant appartenu au bénédictin dom Pioche, puis à Grégoire dont il porte sur la garde une note bibliographique
aut. de cinq lignes. — Documents historiques relatifs au
clergé de France et aux libertés de l'église gallicane. Cinq
cahiers manuscrits in-folio.

158. Documents sur l'histoire de la Sorbonne, pendant la Li-
gue, sur le clergé de France et les libertés de l'Église gallicane. Manuscrit aut. de l'abbé Breyer, chanoine de
Troyes, docteur en Sorbonne, copié en partie sur les manuscrits originaux d'Edmond Richer, 2 vol. in-4, d.-rel.,

bas. Ce manuscrit, partie en latin, partie en français, et qui renferme des fragments inédits, est accompagné de deux longues notes aut. s. de M. Villenave.

159. Bulletin de madame Doublet, directrice du *bureau d'esprit*, recueil de copie de lettres ou de lettres autographes adressées à cette dame, de 1752 à 1757, par Lambert, conseiller au parlement, puis ministre, et autres, sur les plus intéressantes nouvelles du temps. Ce recueil manuscrit, qui forme un volume in-4, peut faire suite aux *Mémoires secrets de Bachaumont*, qui se rédigeaient chez cette dame. Deux longues notes de M. Villenave, placées en tête, donnent à cet égard de curieux renseignements.

AUTOGRAPHES.

160. **AIMÉ MARTIN**, littérateur et bibliophile.

21 L. aut. sig. à lui adressées par M. de La Chapelle, commandant l'artillerie à Amiens. *Amiens*, 1820-22, 59 p. in-4.

Correspondance d'un grand intérêt, toute relative à l'édition de Racine donnée par Aimé Martin. M. de La Chapelle, consulté par lui sur une foule de difficultés, lui envoie des observations critiques et historiques sur les diverses éditions de Racine, et rectifie un grand nombre d'erreurs ou comble des lacunes qui se trouvent, non-seulement dans ces éditions, mais même dans celle d'Aimé Martin, particulièrement dans les œuvres diverses et la correspondance. D'après ces lettres, M. de La Chapelle peut être considéré comme le collaborateur du savant éditeur de Racine.

161. **AMANTON** (Gr.), littérateur, de l'académie de Dijon.

2 L. aut. sig. à M. de Soleinne. Palais de *Meudon*, 1835, 5 p. in-4.

Belles et intéressantes lettres relatives à ses ouvrages et à ceux de Peignot.

162. **CALMET** (Dom Augustin), savant bénédictin.

L. aut. sig. à M. Grosley, 1744, 2 p. in-4.

Jolie lettre de remerciement d'un manuscrit qu'on lui offre.

163. **COLOMB DE BATINES**, bibliographe.

7 L. aut. sig. à M. de Soleinne. *Gap* et *Vienne*, 1832-7, 30 p. in-8.

Intéressantes lettres, toutes bibliographiques, et particulièrement relatives aux pièces de théâtre dauphinoises, et à la publication de ses ouvrages.

164. **CORMENIN** (Louis de), député et célèbre pamphlétaire.

L. aut. sig. Villemandeur, le 1er décembre, 1 p. pl. in-8 d'une écriture serrée.

Belle et importante lettre, dans laquelle il se plaint très-amèrement qu'on attaque sa personne sous le prétexte qu'il a appuyé, dans le conseil d'État, la loi dite d'*Amour*... « Un fort grand personnage me fait calomnier à peu près toutes les semaines par une multitude de petites feuilles de police ou de préfecture, on dit même que cela coûte cher au personnage ; quand je dis au personnage, je veux dire au Trésor, car ce personnage n'a pas l'habitude de rien sortir de sa poche... »

165. **DESSALLES**, attaché à la section historique des archives.

L. aut. sig. à M. de Soleinne. *Paris*, 1835, 1 p. 1/2 in-8.

Relative au *Mystère de saint Crépin et saint Crépinien*, dont il donna une nouvelle édition.

Francisque-Michel. L. aut. sig. au même, 1 p. in-4. Sur le même sujet.

166. **DIVERS**, vingt-neuf lettres aut. sig. de bibliophiles et autres, adressées à M. de Soleinne.

    Relatives à la bibliographie, et particulièrement à celle du théâtre.

167. **DULAURE**, savant historien, conventionnel.

    L. aut. sig. au comité de salut public. *Bergerac*, 10 prairial an III, 3 p. pl. in-fol., tête imprimée.

    Très-belle lettre toute relative à sa mission dans le département de la Corrèze, et à l'esprit public dans ce département.

168. **JOLY DE FLEURY**, célèbre avocat-général.

    1° L. aut. sig. à M. Boullenois. S. d., 2 p. in-4. Cachet.
    2° Curieuse consultation aut. relative aux fiefs de l'abbaye de *Saint-Waast-sur-Belle-Motte* (Artois), 18 p. pl. in-4.

169. **LE BEUF** (l'abbé Jean), l'un des plus savants historiens français du XVIII° siècle.

    L. aut. sig. à M. Fenel, doyen de l'église de Sens. *Auxerre*, 21 juin 1715, 3 p. pl. in-4.

    Belle lettre toute remplie de judicieuses observations sur le Missel de Sens.

170. **LOUIS-PHILIPPE**, roi des Français.

    L. aut. sig. au duc de Broglie, 1825, 3/4 de p. in-4.

171. **MARBOT** (Ant.), général et député.

    L. aut. sig. 29 frimaire an IV, 2p. 1/4 in-4.

    Il se plaint que les départements du Lot, du Cantal et de la Corrèze sont travaillés par le fanatisme et la malveillance, que les commissaires du Directoire exécutif ont été multipliés dans la Corrèze, battus violemment et forcés de donner leur démission; en conséquence, il demande qu'il y soit envoyé une force armée qui calmerait tout...

172. **MÉNAGE** (Gilles), savant, bel-esprit.

    L. aut. sig. paraphée. S. d., 1/2 p. in-4. — *Huet* (Daniel), évêque d'Avranches, petit billet de 7 lignes aut.

173. **MERCOEUR** (Élisa), poëte.

    Pièce de vers aut. sig. à Mme Récamier, 3/4 de p. in-fol.

174. **MONMERQUÉ** (de), membre de l'Institut.

    5 L. aut. sig. à M. de Soleinne. *Paris*, 1829-33, 14 p. in-4 ou in-8.

    Très-intéressantes lettres, toutes relatives à la publication de la *Farce de Patelin*, dont il fait une nouvelle édition.

175. **NAPOLÉON I**er, empereur des Français.

    L. sig. *Napoléon*, à F. de Neufchâteau. *Saint-Cloud*, 1er brumaire an XIII, 1 3/4 p. in-4.

    Relative à la convocation du Sénat et à la liste des candidats présentés par les collèges électoraux de la Loire-Inférieure.

176. **PARIS** (le Diacre François de), le saint des *Convulsionnaires*, célèbre par les miracles qu'on lui attribua après sa mort.

    Sa signature : « ex libris Francisci de Paris, » sur le titre du *Jardin des racines grecques*, par Lancelot, édition de 1674, 1 vol. in-12, d.-rel. — Il y a, de plus, 57 lignes aut. au verso du titre et du titre gravé, et un très-grand nombre de notes marginales sur les pages de ce précieux volume.

177. **PIXÉRÉCOURT** (Guilbert de), auteur dramatique.

    7 L. aut. sig. à M. de Soleinne. *Paris*, 1817-20, 13 p. in-8.
    Relative à la bibliographie du théâtre.

178. **TORCY** (J. B. Colbert, marquis de), ministre.

    L. aut. sig. Croissy, 1734, 1 p. in-4.

179. **VOLTAIRE** (F. M. Arouet de).

    Mémoire (imprimé) sur ses démêlés avec le clergé, à l'occasion de l'église qu'il fit construire à Ferney. *Château de Ferney*, 25 may 1761, 3 p. in-4.

    Cette pièce, que Voltaire déclare avoir fait tirer à six exemplaires seulement, pour s'éviter la peine d'en faire des copies, et qui offre de curieux détails sur son établissement à Ferney, porte, sur les marges, 16 lignes autog. de Voltaire, et est signée en toutes lettres de sa main.

NUMISMATES

Lettres adressées à Mionnet, par des Numismates français.

180. **ALLIER DE HAUTEROCHE**, savant numismate, collaborateur de Mionnet.

> 7 L. aut. sig. *Paris*, de 1809 à 1827, 11 p. in-4.
> Relatives à la composition des ouvrages de Mionnet, aux critiques qu'on en fait, et à des médailles rares dont il donne la description.

181. **BEAUCOUSIN** (Charles), numismate amateur, d'Amiens.

> 15 L. aut. sig. de l'an ix à 1819, 26 p. in-4. Intéressantes lettres, pleines de descriptions de médailles et de nouvelles sur des découvertes de pièces rares.
> Dans une lettre du 6 mai 1814, M. Beaucousin exprime à Mionnet la crainte que les alliés n'enlèvent des médailles du Cabinet de la Bibliothèque impériale. « Enfin, j'espère, mon cher ami, que la générosité de nos ennemis vous laissera nos pauvres médailles. S'ils en veulent, qu'ils ne prennent que les doubles, car vous savez que j'aime votre cabinet plus que le mien. »

182. **BLACAS D'AULPS** (le comte de), ministre et confident de Louis XVIII.

> 2 L. aut. sig. *Rome*, 1819-20, 8 p. pl. in-4.
> Belles et intéressantes lettres relatives aux ouvrages de Mionnet, à des découvertes de médailles grecques et romaines, à la différence des prix qu'elles se vendent en France et en Italie, et à un As unique trouvé à Castel-Gandolphe, et dont il donne la description. Il regrette que la place laissée vacante par la mort de M. Millin, et qu'il était si digne de remplir, ne lui ait pas été donnée.

183. **CHAUDOIR** (le baron Stanislas de), voyageur numismate.

> 11 L. aut. sig. de 1819 à 1829, 20 p. in-4 et 3 in-8.
> Curieux dossier, tout relatif aux médailles des rois du Bosphore, dont il offre de nombreuses descriptions.

184. **CHAUDRUC DE CRAZANNE** (le baron), antiquaire et numismate.

> L. aut. sig. *Figeac*, 1831, 3 p. in-4.
> Il désire avoir l'avis de MM. Mionnet et Raoul-Rochette sur l'inscription d'un *Columbarium* « découvert à côté des Arènes de Saintes » et dont il joint un fac-simile à la plume.

185. **DESAINS**, numismate amateur, de Saint-Quentin.

> L. aut. sig. *Saint-Quentin*, 1825, 1 p. in-4.
> Description de médailles romaines et des comtes de Vermandois trouvées dans les démolitions des fortifications de Saint-Quentin.

186. **DU CHEYREUIL**, membre de la société des antiquaires de Normandie.

> L. aut. sig. *Equerdeville, près Cherbourg*, 1827, 1 p. in-4.
> Relative à des antiquités trouvées dans les environs, qu'il croit inédites, et dont il envoie un calque exact à Mionnet pour avoir son avis.

187. **FAUDEL** (F.) amateur numismate.

> 2 L. aut. sig. *Colmar*, 1825, 4 p. in-4.
> Description de médailles grecques qui lui sont parvenues de l'Allemagne.

188. **FAURIS DE ST-VINCENT** (J. F. P.), président au parlement d'Aix, antiquaire.

> 3 L. aut. sig. *Aix*, de 1811 à 1816, 6 p. in-4 et 3 in-12.
> Relatives à sa réception à l'Académie des inscriptions, à Millin, à M. de Blacas et à des médailles.

189. **FRILET-MALYE** (A.), numismate amateur.

> L. aut. sig. *Marseille*, 1823, 1 p. 1/2 in-4.
> Possédant une collection de médailles sur la Sicile, il indique à Mionnet celles qu'il a omises dans cette partie de son ouvrage.

190. **GAUJAL** (le baron de), correspondant de l'Institut.

> L. aut. sig. *Pau*, 1817, 2 p. in-4.
> Demande de renseignements sur le culte d'une idole gauloise qu'il croit avoir porté le nom de Ruth, et description, avec fac-simile à la plume, de deux médailles.

191. **HENNIN** (Michel), numismate.

L. aut. sig. *Milan*, 1805, 3 p. in-4.

Ayant acheté, par tiers, avec MM. Tochon et Millengen, le médaillier Gauthier de Marseille, il se charge d'en faire la répartition, et lui fait part des découvertes qu'il fait, en Italie, en médailles et en vases étrusques.

192. **HOUEL** (J.), de la société des antiquaires de Normandie.

L. aut. sig. *Rouen*, 1828, 2 p. in-4.

Description et fac-simile d'une curieuse cuiller antique et d'une médaille romaine qui a du prix pour lui à cause du lieu où elle a été trouvée, et parce qu'il lui semble qu'à elle seule elle est un précis de l'histoire de sa province.

193. **HOUSSARD**, capitaine de vaisseau au service de Méhémet-Ali.

L. aut. sig. *Alexandrie*, 1838, 8 p. pl. in-fol.

Très-intéressante lettre offrant une description étendue de médailles des Ptolémée-Philadelphe, des empereurs romains et des nômes. Il entretient Mionnet d'une importante trouvaille de 900 médailles des Ptolémées faite dans les ruines de leur palais par des Arabes, qui n'ont voulu les lui vendre que une à une. « Pendant ce temps, la police a été instruite de cette découverte, et elle a tout fait saisir; je n'avais pu encore en obtenir qu'une vingtaine ! »

194. **HUGUENIN**, amateur numismate.

L. aut. sig. *Mirebeau* (Côte-d'Or), 1838, 3 p. in-4.

Description d'une médaille de *Pertinax*, « trouvée près des vestiges du château des princes de Beauffremont. »

195. **KOLB** (Jacob), de la société des antiquaires de France.

11 L. aut. sig. *Reims*, 1820-4, 13 p. in-8 et in-4.

Relatives à la numismatique, et aux autographes, dont il forme une collection.

196. **LAISNÉ DE VILLEVÈQUE**, numismate.

L. aut. sig. *Orléans*, 1836, 1 p. in-4.

Description d'une médaille attribuée à Ptolémée VIII.

197. **MAGNOUCOURT** (de), père, amateur numismate de Besançon.

3 L. aut. sig. *Besançon*, 1831, 5 p. in-4.

Description des pièces les plus rares de sa riche collection de médailles des Arsacides et Sassanides, dont il envoie des empreintes à Mionnet pour insérer dans son ouvrage.

198. **MARET DE CHARMOY**, amateur numismate.

L. aut. sig. *Dijon*, 1819, 3 p. 1/2 pet. in-4.

Demande d'explication sur l'ouvrage de Mionnet sur les médailles grecques, et sur des termes obscurs qui y sont employés.

199. **MARTIN** (C.), archéologue et numismate amateur.

L. aut. sig. *Vervins*, 1835, 2 p. in-4.

Relative à des médailles et à un buste antique trouvés à Morengy, arrondissement de Laon, près de la chaussée de Brunehaut, conduisant de Reims à Bavay.

200. **OLIVIER** (l'abbé d'), bibliothécaire de Carpentras.

L. aut. sig. *Carpentras*, 1827, 3 p. in-8.

Description d'une rare médaille d'Antinous.

201. **PERROT**, antiquaire.

L. aut. sig. *Nimes*, 1840, 1 p. in-4.

Description et fac-simile à la plume de deux médailles d'or (Alexandre Sévère et Antonin) trouvées à Nimes.

202. **PONS** (Z.), numismate, membre de la société archéologique de Rome.

9 L. aut. sig. *Toulon et Aix*, 1815-34, 21 p. in-4.

Correspondance intéressante, pleine de descriptions et de fac-simile de médailles grecques et romaines.

203. **QUENTIN** (Charles), lieutenant-colonel, de l'académie de Mâcon.

L. aut. sig. *Châteaudun*, 1835, 4 p. in-4.

Intéressante critique de l'ouvrage de Mionnet sur les médailles romaines; conseils pour la publication d'un 3e vol. qui renfermerait les médailles latines des colonies grecques, qui « font nécessairement partie de la collection des impériales. »

204. **ROUSSEAU** (J. B. L. J.), diplomate, de l'Académie des inscriptions, petit-fils de J. J. Rousseau.

2 L. aut. sig. *Alep* et *Marseille*, 1816, 3 p. 1/2 in-fol.

Relatives à la collection de médailles et d'antiques dont il a fait collection dans le Levant, et sur laquelle il donne des détails intéressants à Mionnet.

205. ROZAN, archéologue, numismate, de la société de Statistique française.

2 L. aut. sig. *Tonneins*, 1834-5, 3 p. in-8 et 4 p. in-4.
Très-intéressantes lettres contenant la description d'antiquités romaines et de médailles précieuses, trouvées à Varteuil, près de Tonneins (Lot-et-Garonne).

206. MIONNET (Théodore-Edme), savant numismate, de l'Académie des inscriptions.

Familles romaines, ms. aut. de 24 p. in-4, contenant la description des médailles des empereurs, des impératrices et d'autres personnages de Rome, depuis Accoleia jusqu'à Domitien. — Note aut. sur diverses médailles romaines et de rois du Bosphore, 1 p. 1/2 in-4. — L. aut. sig. à l'abbé Regnault. *Paris*, 1852, 1 p. in-8.

207. NUMMI Consulares et Thesauro Morelliano restituti, ab imperatore Trajano.

Dissertation adressée à Mionnet, 8 p. in-4, d'une belle écriture.

208. DIVERS.

29 L. aut. sig. du comte de Clarac, du duc de Luynes, d'Oberlin fils, de Brongniard, de Guigniaud de l'Institut, etc., toutes adressées à Mionnet et relatives à la numismatique.

Lettres adressées à Mionnet par des Numismates étrangers.

209. ITALIENS.

Sestini (D.). L. aut. sig *Florence*, 1815, 3 p. 1/4 in-4.
Très-intéressantes, sur la numismatique en Italie.

Saint-Quintin (Jules de). 3 L. aut. sig. *Naples* et *Turin*, 1834-5, 9 p. in-4.
Relatives à son ouvrage sur les médailles des rois lombards; suivi d'un fac-simile de médailles romaines inédites.

Vermiglioli (J. B.), professeur de numismatique. L. aut. sig. en italien. *Perugia*, 1814, 3 p. in-4.
Description de médailles de Sparte qu'il croit inédites. A cette lettre est jointe une traduction.

Cattaneo, conservateur du cabinet des médailles de Milan. L. aut. sig. *Milan*, 1811, 1 p. in-4.
Eloge et demande d'un ouvrage de Mionnet.

Bonghi (Onofrio). 4 L. aut. sig. en italien. *Lucera*, 1813-5, 13 p. in-4.
Lettres toutes relatives à la numismatique, l'une est terminée par un post-scriptum a. s. de Millin, de 13 lignes.

Borghesi (Barth.). L. aut. sig. en latin. *Milan*, 1811, 2 p. in-fol.
Lettre contenant « *Index nummorum familiarum romanorum*, omnes sunt argentei. »

Incisa de Saint-Etienne (l'abbé). 2 L. aut. sig. *Turin*, 1820-3, 2 p. in-4.
Relatives à la numismatique, et particulièrement à une médaille d'Athènes, dont il lui envoie l'empreinte.

Pistolesi (Franç.), secrétaire perp. de l'Académie de Livourne. 3 L. aut. sig. en italien. *Livorno*, 1819-25, 4 p. in-4.
Remerciements, au nom de l'Académie, adressés à Mionnet, pour l'envoi de ses ouvrages.

Palloni (D.), secrétaire de l'Acad. nationale de Livourne. L. aut. sig. en italien. *Livorno*, 1819, 1 p. in-4.

Puccini (Thomas). L. aut. sig. *Florence*, 1809, 1 p. in-4.

Marciali (J. B.), bibliothécaire de Cortone. L. aut. sig. en italien. *Cortona*, 1820, 1 p. in-4.

Paroletti (Modeste), législateur piémontais. L. aut. sig. *Turin*, 1810, 2 p. in-4.
Demande d'empreintes pour le musée d'antiquités de Turin.

210. BELGES.

Guillon (Ch.). L. aut. sig. *Ruremonde*, 1832, 2 p. in-4.
Relative à une médaille d'Othon, dont il envoie un joli fac-simile à la plume.

Guioth. L. aut. sig. *Liège*, 1832, 1 p. 1/2 in-4.
Description et envoi de fac-simile de deux médailles des rois goths, faisant partie d'une trouvaille faite dans les Ardennes et due à une taupe.

LUPUS (le Primat, chevalier). 2 L. sig. *Bruxelles*, 1818, 4 p. in-4.
Curieuses épîtres sur une discussion qui s'est élevée dans une réunion de numismates à propos du prix des médailles consulaires d'argent communes.

GOETHAL VERCRUYSSE, de Courtray. Liste aut. de médailles dont il demande les empreintes, 4 p. in-fol.

REIFFENBERG (le baron de), correspondant de l'Institut. 2 L. aut. sig. *Bruxelles* et *Louvain*, 1834-5, 2 p. in-4.

211. HOLLANDAIS.

JONG (J. C. de), directeur des médailles du roi des Pays-Bas. L. aut. sig. *La Haye*, 1824, 2 p. 1/2 in-4.
Il envoie à Mionnet son ouvrage sur le Cabinet des médailles, lui fait part des pièces rares que le Cabinet vient de recevoir des côtes d'Afrique, et lui propose d'établir des relations entre les deux Cabinets de la Haye et de Paris.

FINLANDY (le baron de Westreenen de). 3 L. aut. sig. *La Haye*, 1818-9, 3 p. in-8 et in-4. dont une relative à une médaille de la Colchide inconnue à Mionnet, et dont il donne un fac-simile.

212. SUISSES.

TRESCHEL (F.), bibliothécaire en chef de Berne. L. aut. sig. *Berne*, 1830, 1 p. in-4.
Demande de renseignements sur des médailles romaines trouvées dans le pays.

HALLER (F. L. de) de Kœnigsfelde. 2 L. aut. sig. *Berne*, 1830-1, 4 p. in-4.
Relatives au médailler et à la bibliothèque de Berne, et à une médaille du dernier duc de Bouillon et de Sedan.

HORNER (Jacques), bibliothécaire de Zurich. L. aut. sig. *Zurich*, 1832.
Demande d'empreintes de médailles pour la bibliothèque, avec la liste.

213. PRUSSIENS.

PAPENCORDT (F.), le savant auteur de l'*Histoire de la domination des Vandales en Afrique*. 2 L. aut. sig. *Rome*, 1836-7, 4 p. in-fol.
Intéressantes lettres relatives à des recherches numismatiques pour un nouvel ouvrage qu'il prépare sur les Vandales.

GERHARD (E.), archéologue du musée de Berlin. L. aut. sig. *Rome*, 1836, 1 p. in-4.
Relative aux travaux de M. Papencordt.

FOCKEN (E. H.), professeur à l'université de Berlin. L. aut. sig. *Berlin*, 1819, 3 p. in-4.
Lettre pleine d'intérêt, relative au musée des médailles de Berlin, qui est dans un grand désordre par suite de l'occupation française.

214. ALLEMANDS.

DONOP (le baron de), président de la régence du duc de Saxe-Meiningen, auteur de l'*Europe musulmane*. L. aut. sig. *Meiningen*, 1825, 4 p. in-4.
Détails sur son riche médailler et sur des médailles gauloises qui viennent d'être trouvées à Jersey.

MULLER (Ch. Olfr.), professeur d'archéologie à l'université de Gottingue. 2 L. aut. sig. 1829, 2 p. 1/2 in-4.
Demandes d'empreintes pour former, à l'université de Gottingue, un médailler offrant toutes les périodes des arts jusqu'à leur décadence.

215. WELLENHEIM (Leop. Wetzl de), secrétaire aulique au départ. des finances.

3 L. aut. sig. *Vienne*, 1814, 11 p. in-4.
Lettres intéressantes où l'on trouve quelques observations sur la rareté comparative des médailles romaines en France et en Allemagne.

216. SCHRODER (J. Henri), de l'académie des inscriptions et belles-lettres de Stockholm.

Belle l. aut. sig. *Upsal*, 1835, 2 p. 1/2 in-4.
Il annonce à Mionnet que cette académie vient de l'admettre à l'unanimité au nombre de ses membres, et qu'elle lui expédie son diplôme à Paris.

217. BRONSTED, chevalier de Dannebrog, savant numismate et historien danois.

4 L. aut. sig. *Copenhague*, *Rome* et *Londres*, 1815-30, 8 p. in-4.
Relatives à la numismatique.

218. ROSS (John), numismate amateur anglais.

L. aut. sig. en anglais. *Malta*, 1822, 3 p. in-4.
Description d'une médaille de l'île de Rhodes.

219. SPADA (A.), amateur numismate.

L. aut. sig. *Odessa*, 1826, 3 p. in-4.
Curieuse lettre relative à une médaille unique du Bosphore cimmérien, et aux fabriques de fausses médailles découvertes par M. Sestini dans les villes de la mer Noire.

220. KOEKLER (de), bibliothécaire et conservateur du cabinet archéologique de l'empereur de Russie, savant écrivain numismate.

25 L. aut. sig. *Pétersbourg*, 1803-30, 44 p. in-4.
Correspondance d'un véritable intérêt pour la numismatique, relative aux ouvrages de Mionnet et de Koekler, aux empreintes du cabinet de Paris, aux médailles des rois du Bosphore et aux pièces fausses qui s'en répandent.

221. DIVERS.

29 Lettres de numismates étrangers adressées à Mionnet, la plupart en français.

Lettres adressées à divers.

222. CONBROUSE (G.), numismate.

Décaméron numismatique. *Paris*, 1844, 1 vol. in-4, non broché. Exemplaire d'épreuves, chargé des corrections de M. Conbrouse, avec des additions aut. formant 25 p. in-4. On lit à la fin : *Bon à tirer pour 110 exempl., dont un seul sur papier de couleur.* A ce précieux exemplaire est ajoutée une lettre aut. sig. de M. Conbrouse, 1844, 1 p. in-8.

223. LE MÊME.

9 L. aut. sig. à M. Gouaux. *Paris*, 1844-6, 14 p. in-8.
Relatives aux médailles.

224. COSTER (Étienne), amateur.

L. aut. sig. *Malines*, 1852, 4 p. in-8.
Lettre intéressante contenant la description de médailles carlovingiennes, relatives à Tours, Autun, Reims, Orléans, Châteaudun.

225. DELBERGE-CORMONT, ingénieur en chef des Hautes-Alpes.

L. sig. *Gap*, an XII, 3 p. in-4.
Offre et description de médailles trouvées à Embrun.

226. MATHOREL, amateur numismate de Vannes.

L. aut. sig. au directeur du Musée de Nantes. *Vannes*, 1835, 4 p. in-8.
Il propose au musée sa collection de médailles, dont il donne la liste.

227. MICHELET D'ENNERY, savant numismate.

1° Emplettes de médailles dans mon voyage d'Italie. 1769, 6 p. aut. in-4.

2° Catalogues manuscrits du médaillier de d'Ennery, à diverses époques, 3 cahiers formant environ 100 p. in-4.

3° *Pièces concernant l'acquisition* du cabinet de M. Deveau, 1764, 1 liasse de 30 p. in-4 environ.

4° Bertrand (P. P.), numismate amateur toulousain. 30 L. aut. sig. à d'Ennery. *Toulouse*, 1771-84, 50 p. in-4. Curieux dossier, tout relatif aux médailles et aux amateurs.

5° 2 Copies de lettres de d'Ennery, et 3 lettres à lui adressées, toutes relatives à la numismatique.

228. MILLIN (A. L.), membre de l'Institut.

5 L., dont 4 aut. sig. et 1 sig. à Grivaud et autres. *Paris*, 1811-18, 7 p. in-4 et 2 in-8.
En partie relatives aux antiquités.

229. PERSIL, ministre.

L. sig. au directeur des essais. *Paris*, 1845, 2 p. 1/2 in-4.
Relative au procédé de M. Halot pour distinguer les pièces fausses des pièces authentiques.

230. DIVERS.

21 Lettres adressées à M. Gouaux, par des amateurs numismates, concernant des médailles.

2087 — Imp. Maulde et Renou, rue de Rivoli, 144.

www.ingramcontent.com/pod-product-compliance
Lightning Source LLC
LaVergne TN
LVHW020635180726
843502LV00006B/2057